中华人民共和国交通运输部

公路工程标准施工招标资格预审文件

（2009 年版）

交公路发〔2009〕221号
自2009年8月1日起施行

人民交通出版社

图书在版编目（CIP）数据

公路工程标准施工招标资格预审文件:2009年版/中华人民共和国交通运输部编. —北京:人民交通出版社,2009.5

ISBN 978-7-114-07723-4

I. 公… II. 中… III. 道路工程-工程施工-招标-文件-中国 IV. U415.13

中国版本图书馆CIP数据核字(2009)第064141号

Gonglu Gongcheng Biaozhun Shigong Zhaobiao Zige Yushen Wenjian

书　　名：公路工程标准施工招标资格预审文件(2009年版)
著 作 者：中华人民共和国交通运输部
责任编辑：沈鸿雁
出版发行：人民交通出版社
地　　址：(100011) 北京市朝阳区安定门外外馆斜街3号
网　　址：www.ccpress.com.cn
销售电话：(010) 59757969，59757973
总 经 销：北京中交盛世书刊有限公司
经　　销：各地新华书店
印　　刷：北京鑫正大印刷有限公司
开　　本：880×1230　1/16
印　　张：4.5
字　　数：75千
版　　次：2009年5月　第1版
印　　次：2010年12月　第7次印刷
书　　号：ISBN 978-7-114-07723-4
定　　价：20.00元

关于发布公路工程标准施工招标资格预审文件和公路工程标准施工招标文件2009年版的通知

交公路发〔2009〕221号

各省、自治区、直辖市、新疆生产建设兵团交通运输厅(局、委),天津市市政公路管理局:

为加强公路工程施工招标管理,规范资格预审文件和招标文件编制工作,我部在国家九部委联合编制的《标准施工招标资格预审文件》和《标准施工招标文件》(以下简称《标准文件》)基础上,结合公路工程施工招标特点和管理需要,组织制定了《公路工程标准施工招标资格预审文件》(2009年版)和《公路工程标准施工招标文件》(2009年版)(以下简称《公路工程标准文件》),现予发布。

《公路工程标准文件》中"申请人须知"、"资格审查办法"、"投标人须知"、"评标办法"和"通用合同条款"等部分,与《标准文件》内容相同的只保留条目号,具体内容见《标准文件》。《标准文件》电子文本可在我部网站(www.moc.gov.cn)"下载中心"下载。

《公路工程标准文件》自2009年8月1日起施行,原《公路工程国内招标文件范本》(2003年版)同时废止,之前根据《公路工程国内招标文件范本》完成招标工作的项目仍按原合同条款执行。

自施行之日起,必须进行招标的二级及以上公路工程应当使用《公路工程标准文件》,二级以下公路项目可参照执行。在具体项目招标过程中,招标人可根据项目实际情况,编制项目专用文件,与《公路工程标准文件》共同使用,但不得违反九部委56号令的规定。

请各地交通运输主管部门加强对《公路工程标准文件》贯彻落实情况的监督检查,并注意收集有关意见和建议,及时向部反馈。

中华人民共和国交通运输部

二〇〇九年五月十一日

主题词:公路　施工　招标　通知

抄送:北京市路政局,中国公路建设行业协会。

交通运输部办公厅　　2009年5月12日印发

《公路工程标准施工招标资格预审文件》
审定委员会

主 任 委 员：李　华

副主任委员：胡　滨　王松波

委　　　员：熊哲清　陈悦海　解绍璋　吴大元　潘晓东　李　丁　冷曦晨
谢家全　何通海　王登科　陈　飚　朱青云　蒋振雄　王康臣
徐　涛　王淑波　杜会民　李小林　孙国富　孙旭东

编 写 人 员

主　　编：石国虎　胡　滨　王松波　高会晋　李伟雄

编写人员：袁　静　彭耀军　王海臣　李锺根　韩　涛　张海斌　阮明华
于　光　王恒斌　王　林　鲍秀铎　肖颂鸿　刘月波　张鸿飞
程　磊　白金岭　王秋远

使用说明

一、为加强公路工程施工招标管理，规范资格预审文件编制工作，交通运输部公路局组织华杰工程咨询有限公司和国内专家编写并经审定形成了交通运输部《公路工程标准施工招标资格预审文件》(2009 年版)(以下简称《公路工程标准施工招标资格预审文件》)。

二、《公路工程标准施工招标资格预审文件》是以《标准施工招标资格预审文件》(2007 年版)(以下简称《标准资格预审文件》)为依据，考虑公路工程施工的招标特点和管理需要编制而成。《标准资格预审文件》规定通用部分，《公路工程标准施工招标资格预审文件》补充公路工程行业内容，两者结合使用，其中《公路工程标准施工招标资格预审文件》不加修改地引用了《标准资格预审文件》的部分只标注相关条款号，其内容详见《标准资格预审文件》。

三、《公路工程标准施工招标资格预审文件》适用于各等级公路和桥梁、隧道建设项目，且设计和施工不是由同一承包人承担的工程施工招标资格预审。

四、招标人根据《公路工程标准施工招标资格预审文件》编制项目资格预审文件时，不得修改“申请人须知”正文和“资格审查办法”正文，但可在前附表中对“申请人须知”和“资格审查办法”进行补充、细化，补充和细化的内容不得与“申请人须知”和“资格审查办法”正文内容相抵触。

五、《公路工程标准施工招标资格预审文件》用相同序号标示的章、节、条、款、项、目，供招标人选择使用；以空格标示的由招标人填写的内容，招标人应根据招标项目具体特点和实际需要具体化，确实没有需要填写的，在空格中用“/”标示。

六、招标人按照《公路工程标准施工招标资格预审文件》第一章“资格预审公告”的格式发布资格预审公告后，将实际发布的资格预审公告编入出售的资格预审文件中，作为资格预审文件的组成部分。资格预审公告应同时注明发布的所有媒介名称。

七、《公路工程标准施工招标资格预审文件》第三章“资格审查办法”分别规定合格制和有限数量制两种资格审查方法，供招标人根据招标项目具体特点和实际需要选择适用。

第三章“资格审查办法”前附表应列明全部审查因素和审查标准，并在本章（前附表及正文）标明申请人不满足其要求即不能通过资格预审的全部条款。申请人不能通过资格预审的条款应以醒目的方式提示。

八、各使用单位或个人对《公路工程标准施工招标资格预审文件》的修改意见和建议，请及时反馈交通运输部。

__________省(自治区、直辖市)

____________(项目名称)______标段施工招标

资格预审文件

招标人:______________(盖单位章)

______年_____月_____日

目　录

第一章　资格预审公告

第一章　资格预审公告[①]

＿＿＿＿＿＿（项目名称）＿＿＿标段施工招标

资格预审公告（代招标公告）

1. 招标条件

本招标项目＿＿＿＿＿＿（项目名称）已由＿＿＿＿＿＿＿（项目审批、核准或备案机关名称）以＿＿＿＿＿＿（批文名称及编号）批准建设，项目业主为＿＿＿＿＿＿，建设资金来自＿＿＿＿＿＿＿（资金来源），项目出资比例为＿＿＿＿＿＿，招标人为＿＿＿＿＿。项目已具备招标条件，现进行公开招标，特邀请有兴趣的潜在投标人（以下简称申请人）提出资格预审申请。

2. 项目概况与招标范围

＿＿＿＿（说明本次招标项目的建设地点、规模、计划工期、招标范围、标段划分等）。

3. 申请人资格要求

3.1　本次资格预审要求申请人具备＿＿＿＿＿＿＿资质，＿＿＿＿＿＿＿业绩，并在人员、设备、资金等方面具备相应的施工能力。

3.2　本次资格预审＿＿＿＿＿＿（接受或不接受）联合体资格预审申请。联合体申请资格预审的，应满足下列要求：＿＿＿＿＿＿＿＿＿。

3.3　每个申请人最多可对＿＿＿（具体数量）个标段提出资格预审申请，且允许中＿＿个标；被招标项目所在地省级交通主管部门评为最高信用等级的申请人，最多可对＿＿＿（具体数量）个标段提出资格预审申请，且允许中＿＿＿＿个标。[②]

3.4　具有投资参股关系的关联企业，或具有直接管理和被管理关系的母子公司，或同一母公司的子公司[③]，或法定代表人为同一人的两个及两个以上法人不得同时对同一标段提出资格预审申请。

---

① 招标人可根据项目特点和实际需要对本章内容进行补充、细化，但应遵守《中华人民共和国招标投标法》第16条和《招标公告发布暂行办法》等有关法律法规的规定。

② 对于被招标项目所在地省级交通主管部门评为最高信用等级的申请人，招标人可在招投标方面给予一定的奖励。

③ 国务院国有资产监督管理机构直接监管的中央企业均不属于本条规定的“母公司”，其一级子公司可同时对同一标段提出资格预审申请，但同属一个子公司的二级子公司不得同时对同一标段提出资格预审申请。

4. 资格预审方法

本次资格预审采用＿＿＿＿＿(合格制/有限数量制)。

5. 资格预审文件的获取

5.1 请申请人于＿＿＿年＿＿月＿＿日至＿＿＿年＿＿月＿＿日(法定公休日、法定节假日除外)①每日上午＿＿时至＿＿时,下午＿＿时至＿＿时(北京时间,下同),在＿＿＿＿＿＿(详细地址)持企业法人营业执照副本原件、企业资质证书副本原件、企业安全生产许可证副本原件、单位介绍信、经办人身份证及上述资料复印件②一套购买资格预审文件。参加多个标段资格预审的申请人必须分别购买相应标段的资格预审文件,并对每个标段单独递交资格预审申请文件。

5.2 资格预审文件每套售价＿＿＿＿＿＿＿＿元③,售后不退。④

6. 资格预审申请文件的递交

6.1 递交资格预审申请文件截止时间(申请截止时间,下同)为＿＿＿年＿＿月＿＿日＿＿时＿＿分⑤,申请人应于当日＿＿时＿＿分至＿＿时＿＿分将资格预审申请文件递交至＿＿＿＿＿。

6.2 逾期送达或者未送达指定地点的资格预审申请文件,招标人不予受理。

7. 发布公告的媒介

本次资格预审公告同时在＿＿＿＿＿＿(发布公告的媒介名称)上发布。

8. 联系方式

招 标 人:＿＿＿＿＿＿＿＿＿＿	招标代理机构:＿＿＿＿＿＿＿＿＿
地 址:＿＿＿＿＿＿＿＿＿＿	地 址:＿＿＿＿＿＿＿＿＿
邮政编码:＿＿＿＿＿＿＿＿＿＿	邮 政 编 码:＿＿＿＿＿＿＿＿＿
联 系 人:＿＿＿＿＿＿＿＿＿＿	联 系 人:＿＿＿＿＿＿＿＿＿
电 话:＿＿＿＿＿＿＿＿＿＿	电 话:＿＿＿＿＿＿＿＿＿
传 真:＿＿＿＿＿＿＿＿＿＿	传 真:＿＿＿＿＿＿＿＿＿

＿＿＿年＿＿月＿＿日

---

① 资格预审文件的发售时间不得少于 5 个工作日。

② 资格预审文件中所有复印件均指彩色扫描件或彩色复印件。

③ 资格预审文件中提到的货币单位除有特别说明外,均指人民币元。

④ 每套资格预审文件售价只计工本费,最高不超过 1 000 元人民币。

⑤ 资格预审文件自开始发售之日起至申请人递交资格预审申请文件截止时间止,不得少于 14 天。

第二章　申请人须知

第二章　申请人须知

申请人须知前附表[①]

条款号	条 款 名 称	编 列 内 容
1.1.2	招标人	名　称： 地　址： 联系人： 电　话：
1.1.3	招标代理机构	名　称： 地　址： 联系人： 电　话：
1.1.4	项目名称	
1.1.5	建设地点	
1.2.1	资金来源	
1.2.2	出资比例	
1.2.3	资金落实情况	
1.3.1	招标范围	
1.3.2	计划工期	计划工期：____日历天 计划开工日期：______年 ____月 ____日 计划交工日期：______年 ____月 ____日
1.3.3	质量要求	标段工程交工验收的质量评定：______ 竣工验收的质量评定：______
1.4.1	申请人资质条件、能力和信誉	资质条件：见附录 1 财务要求：见附录 2 业绩要求：见附录 3 信誉要求：见附录 4 项目经理和项目总工资格：见附录 5 其他要求：[②]

① a.“申请人须知前附表”用于进一步明确正文中的未尽事宜，由招标人根据招标项目具体特点和实际需要编制和填写，但务必做到与资格预审文件中其他章节的衔接，并不得与本章正文内容相抵触。
b.“申请人须知前附表”中的附录表格同属“申请人须知前附表”内容，具有同等效力。

② 对于采用有限数量制进行资格审查的技术特别复杂的特大桥梁和长大隧道工程，招标人还应增加附录 6、附录 7 对申请人的其他主要管理人员和技术人员以及主要机械设备和试验检测设备提出要求。

续上表

条款号	条款名称	编列内容
1.4.2	是否接受联合体资格预审申请	□不接受 □接受 但联合体所有成员数量不得超过____家; 还应满足下列要求:
2.2.1	申请人要求澄清 资格预审文件的截止时间	递交资格预审申请文件截止之日____天前
2.2.2	招标人澄清 资格预审文件的截止时间	递交资格预审申请文件截止之日____天前
2.2.3	申请人确认收到 资格预审文件澄清的时间	收到澄清后____小时内(以发出时间为准)
2.3.1	招标人修改 资格预审文件的截止时间	递交资格预审申请文件截止之日____天前
2.3.2	申请人确认收到 资格预审文件修改的时间	收到修改后____小时内(以发出时间为准)
3.1.1	申请人需补充的其他材料	
3.2.4	近年财务状况的年份要求	______年—______年
3.2.5	近年完成的类似项目的年份要求	______年—______年
3.2.7	近年发生的诉讼及仲裁情况的 年份要求	______年— ______年
3.3.1	签字或盖章要求	
3.3.2	资格预审申请文件副本份数	______份,另加 1 份电子文件(光盘或 U 盘,如需要)
3.3.3	资格预审申请文件的装订要求	
4.1.2	封套上写明	招标人地址:________________ 招标人全称:________________ ____________(项目名称)______标段施工招标资格预审申请文件 在______年____月____日____时____分前不得开启 申请人地址:________________ 申请人全称:________________

续上表

条款号	条 款 名 称	编 列 内 容
4.2.1	申请截止时间	______年____月____日____时____分
4.2.2	递交资格预审申请文件的地点	
4.2.3	是否退还资格预审申请文件	□否 □是
5.1.2	审查委员会人数①	审查委员会构成:共____人;其中招标人代表____人,专家____人;专家确定方式:从________专家库中随机抽取
5.2	资格审查方法	□合格制 □有限数量制
6.1	资格预审结果的通知时间	
6.3	资格预审结果的确认时间	收到投标邀请书后____小时内(以发出时间为准)予以确认
8.4	监督部门	监督部门:__________ 地　　址:__________ 电　　话:__________ 传　　真:__________ 邮政编码:__________
9.1.1	申请人申请资格	每个申请人最多可对本项目的____个标段提出资格预审申请,且允许中____个标;被招标项目所在地省级交通主管部门评为最高信用等级的申请人最多可对本项目的____个标段提出资格预审申请,且允许中____个标②
需要补充的其他内容		

① 审查委员会应由招标人代表和有关方面的专家组成,人数为五人以上单数,其中技术、经济专家人数应不少于成员总数的三分之二。

② 如果每个申请人只允许中一个标,则同一个申请人在不同标段资格预审申请文件中提供的项目经理(以及备选人)和项目总工(以及备选人)在满足资格要求的基础上可以重复。

附录1　资格预审条件(资质最低要求)[①]

施工企业资质等级要求

① 具体资质要求由招标人在满足国家相关法律法规前提下,根据招标项目具体特点和实际情况确定。

附录 2　资格预审条件(财务最低要求)[①]

财务要求

① 具体财务要求由招标人在满足国家相关法律法规前提下，根据招标项目具体特点和实际情况确定。例如招标人可对申请人近三年的平均营业额、流动比率、投标能力等提出要求，其中投标能力应满足以下要求：$A \leq B - C$。其中 A——申请人所申请的标段中标后平均每年应完成的合同金额；B——申请人近三年已实现的平均每年完成的合同金额；C——在本项目资格预审时，申请人正在施工和新承接的项目平均每年应完成的合同金额。

附录 3 资格预审条件(业绩最低要求)①

业 绩 要 求

① 具体业绩要求由招标人在满足国家相关法律法规前提下,根据招标项目具体特点和实际情况确定,但不得设置过高的业绩资格条件。

附录 4　资格预审条件（信誉最低要求）[1]

信 誉 要 求

① 具体信誉要求由招标人在满足国家相关法律法规前提下，根据招标项目具体特点和实际情况确定。

附录5 资格预审条件(项目经理和项目总工最低要求)[①]

人 员	数 量	资格要求
项目经理		
项目经理备选人		
项目总工		
项目总工备选人		

① 对项目经理(以及备选人)和项目总工(以及备选人)的具体资格要求,由招标人在满足国家相关法律法规前提下,根据招标项目具体特点和实际情况确定,但不得设置过高的资格条件。

附录6　资格预审条件(其他主要管理人员和技术人员最低要求)①

人　员	数　量	资格要求

① 本表仅适用于采用有限数量制进行资格审查的技术特别复杂的特大桥梁和长大隧道工程。对其他主要管理人员和技术人员的最低要求，由招标人在满足国家相关法律法规前提下，根据招标项目具体特点和实际情况确定，但不得设置过高的资格条件。

附录 7　资格预审条件(主要机械设备和试验检测设备最低要求)[①]

设备名称	规格、功率及容量	单位	最低数量要求

① 本表仅适用于采用有限数量制进行资格审查的技术特别复杂的特大桥梁和长大隧道工程。对主要机械设备和试验检测设备的最低要求,由招标人在满足国家相关法律法规前提下,根据招标项目具体特点和实际情况确定。

1. 总则

1.1　项目概况

1.1.1

1.1.2

1.1.3

1.1.4

1.1.5

1.2　资金来源和落实情况

1.2.1

1.2.2

1.2.3

1.3　招标范围、计划工期和质量要求

1.3.1

1.3.2

1.3.3

1.4　申请人资格要求

1.4.1

1.4.2　申请人须知前附表规定接受联合体申请资格预审的，联合体申请人除应符合本章第1.4.1项和申请人须知前附表的要求外，还应遵守以下规定：

（1）联合体各方必须按资格预审文件提供的格式签订联合体协议书，明确联合体牵头人和各方的权利义务；

（2）由同一专业的单位组成的联合体，按照资质等级较低的单位确定资质等级；

（3）通过资格预审的联合体，其各方组成结构或职责，以及财务能力、信誉情况等资格条件不得改变；

（4）联合体各方不得再以自己名义单独或加入其他联合体在同一标段中参加资格预审；

（5）联合体所有成员数量不得超过申请人须知前附表规定的数量；

（6）联合体牵头人所承担的工程量必须超过总工程量的50%；

（7）联合体各方应分别按照本资格预审文件的要求，填写资格预审申请文件中的相应表格，并由联合体牵头人负责对联合体各成员的资料进行统一汇总后一并提交给招标人；联合体牵头人所提交的资格预审申请文件应认为已代表了联合体各成员的真实情况；

(8)尽管委任了联合体牵头人,但联合体各成员在资格预审、投标、签约与履行合同过程中,仍负有连带的和各自的法律责任。

1.4.3　申请人不得存在下列情形之一:

(1)为招标人不具有独立法人资格的附属机构(单位);

(2)为本标段前期准备提供设计或咨询服务的,但设计施工总承包的除外;

(3)为本标段的监理人;

(4)为本标段的代建人;

(5)为本标段提供招标代理服务的;

(6)与本标段的监理人或代建人或招标代理机构同为一个法定代表人的;

(7)与本标段的监理人或代建人或招标代理机构相互控股或参股的;

(8)与本标段的监理人或代建人或招标代理机构相互任职或工作的;

(9)被责令停业的;

(10)被暂停或取消投标资格的;

(11)财产被接管或冻结的;

(12)在最近三年内有骗取中标或严重违约或重大工程质量问题的;

(13)经审查委员会认定会对承担本项目造成影响的正在诉讼的案件;

(14)被省级及以上交通主管部门取消项目所在地的投标资格或禁止进入该区域公路建设市场且处于有效期内;

(15)为投资参股本项目的法人单位。

1.5　语言文字

1.6　费用承担

2. 资格预审文件

2.1　资格预审文件的组成

2.1.1

2.1.2

2.2　资格预审文件的澄清

2.2.1

2.2.2

2.2.3

2.3　资格预审文件的修改

2.3.1

2.3.2

3. 资格预审申请文件的编制

3.1　资格预审申请文件的组成

3.1.1　资格预审申请文件应包括下列内容：

(1)资格预审申请函；

(2)法定代表人身份证明或附有法定代表人身份证明的授权委托书；

(3)联合体协议书；

(4)申请人基本情况表；

(5)近年财务状况表；

(6)近年完成的类似项目情况表；

(7)正在施工和新承接的项目情况表；

(8)近年发生的诉讼及仲裁情况；

(9)初步施工组织计划；

(10)其他材料：见申请人须知前附表。

3.1.2

3.2　资格预审申请文件的编制要求

3.2.1

3.2.2　法定代表人授权委托书必须由法定代表人签署。

(1)如果资格预审申请文件由委托代理人签署，则申请人需提交附有法定代表人身份证明的授权委托书，授权委托书应按规定的书面方式出具，并由法定代表人和委托代理人亲笔签名，不得使用印章、签名章或其他电子制版签名。经公证机关对授权委托书中申请人法定代表人的签名、委托代理人的签名、申请人的单位章的真实性作出有效公证后，原件应装订在资格预审申请文件的正本之中。申请人无须再对法定代表人身份证明进行公证。公证书出具的日期应与授权委托书出具的日期同日或在其之后。

(2)如果由申请人的法定代表人亲自签署资格预审申请文件，则不需提交授权委托书，但应经公证机关对法定代表人身份证明中法定代表人的签名、申请人的单位章的真实性作出有效公证后，将原件装订在资格预审申请文件的正本之中。公证书出具的日期应与法定代表人身份证明出具的日期同日或在其之后。

(3)以联合体形式申请资格预审的，法定代表人授权委托书(如有)须由联合体牵头人按上述(1)目的规定出具并公证。

3.2.3　“申请人基本情况表”应附企业法人营业执照副本(全本)的复印件(并加盖单位章)、施工资质证书副本(全本)的复印件(并加盖单位章)、安全生产许可证副本

(全本)的复印件(并加盖单位章)、基本账户开户许可证的复印件(并加盖单位章)。

"拟委任的项目经理和项目总工资历表"应附项目经理(以及备选人)和项目总工(以及备选人)的身份证、职称资格证书以及资格预审条件所要求的其他相关证书(如建造师注册证书、安全生产考核合格证书等)的复印件,并应提供其担任类似项目的项目经理和项目总工的相关业绩证明材料复印件,还应附申请人所属社保机构出具的拟委任的项目经理(以及备选人)和项目总工(以及备选人)的社保缴费证明(并加盖缴费证明专用章)或其他能够证明拟委任的项目经理(以及备选人)和项目总工(以及备选人)参加社保的有效证明材料(并加盖社保机构单位章)。①

3.2.4

3.2.5 "近年完成的类似项目情况表"应附中标通知书和(或)合同协议书、工程接收证书(工程竣工验收证书)的复印件,具体年份要求见申请人须知前附表。每张表格只填写一个项目,并标明序号。

工程接收证书(工程竣工验收证书)可以是发包人出具的公路工程(标段)交工验收证书或竣工验收委员会出具的公路工程竣工验收鉴定书或质量监督机构对各参建单位签发的工作综合评价等级证书。

3.2.6

3.2.7

3.3 资格预审申请文件的装订、签字

3.3.1 申请人应按本章第 3.1 款和第 3.2 款的要求,编制完整的资格预审申请文件,用不褪色的材料书写或打印,并由申请人的法定代表人或其委托代理人逐页亲笔签署姓名(封面、扉页、目录和本页正文内容已由申请人的法定代表人或其委托代理人签署姓名的可不签署),不得使用印章、签名章或其他电子制版签名。以联合体形式申请资格预审的,资格预审申请文件由联合体牵头人的法定代表人或其委托代理人按上述规定签署。资格预审申请文件中的任何改动之处应加盖单位章或由申请人的法定代表人或其委托代理人签字确认。签字或盖章的其他要求见申请人须知前附表。

3.3.2

3.3.3 资格预审申请文件正本与副本应分别装订成册(A4 纸幅),并编制目录、且逐页标注连续页码。资格预审申请文件不得采用活页夹装订,否则,招标人对由于资格预审申请文件装订松散而造成的丢失或其他后果不承担任何责任。装订的其他要求见申请人须知前附表。

---

① 对于采用有限数量制进行资格审查的技术特别复杂的特大桥梁和长大隧道工程,还应要求申请人按照第四章"资格预审申请文件格式"中"四、申请人基本情况表"表 4-4 ~ 表 4-7 的格式和要求填写相关表格并提交相关证明材料。

4. 资格预审申请文件的递交

4.1　资格预审申请文件的密封和标识

4.1.1

4.1.2

4.1.3

4.2　资格预审申请文件的递交

4.2.1

4.2.2

4.2.3

4.2.4

5. 资格预审申请文件的审查

5.1　审查委员会

5.1.1

5.1.2

5.2　资格审查

6. 通知和确认

6.1　通知

6.2　解释

6.3　确认

通过资格预审的申请人收到投标邀请书后，应在申请人须知前附表规定的时间内以书面形式明确表示是否参加投标。在申请人须知前附表规定时间内未表示是否参加投标或明确表示不参加投标的，不得再参加投标。因此造成潜在投标人数量不足3个的，招标人重新组织资格预审或不再组织资格预审而直接招标[①]。

7. 申请人的资格改变

---

① 直接招标是指直接采用资格后审方式招标，下同。

8. 纪律与监督

8.1 严禁贿赂

8.2 不得干扰资格审查工作

8.3 保密

8.4 投诉

申请人和其他利害关系人认为本次资格预审活动违反法律、法规和规章规定的,有权向有关行政监督部门投诉。

监督部门的联系方式见申请人须知前附表。

9. 需要补充的其他内容

9.1 申请规定

9.1.1 每个申请人可提出资格预审申请和允许中标的标段数应符合申请人须知前附表的规定。

9.1.2 申请人提交的资格预审申请文件(初步施工组织计划除外)将作为施工合同文件的组成部分。除招标文件另有规定外,申请人在资格预审申请文件中填报的项目经理(以及备选人)和项目总工(以及备选人)不允许更换。

9.1.3 自购买资格预审文件之日起,申请人应保证其提供的联系方式(电话、传真、电子邮件)一直有效,以保证往来函件(资格预审文件的澄清、修改等)能及时通知申请人,并能及时反馈信息,否则招标人不承担由此引起的一切后果。

9.2 资格预审申请文件的修改

资格预审申请文件按要求送达后,在规定的递交截止时间前,申请人可以撤回申请文件或修改申请文件。如需修改申请文件,应当以正式函件提出并做出说明。

修改资格预审申请文件的正式函件是资格预审申请文件的组成部分,其形式要求、密封方式、送达时间,应符合资格预审文件的要求。

9.3 招标人的权力

招标人有对资格预审申请文件进行核实和澄清的权力,若招标人在资格审查时或必要的调查过程中发现申请人有弄虚作假行为,将取消其资格预审资格,并将其弄虚作假行为上报省级交通主管部门,作为不良记录纳入公路建设市场信用信息管理系统。

需要补充的其他内容:见申请人须知前附表。

第三章　资格审查办法

第三章　资格审查办法(合格制)[①]

资格审查办法前附表[②]

条款号		审查因素与标准
2.1	初步审查标准	(1)申请人名称与营业执照、资质证书、安全生产许可证一致; (2)资格预审申请函有法定代表人或其委托代理人签字并加盖单位章; (3)资格预审申请文件按照资格预审文件规定的格式、内容填写,字迹清晰可辨; (4)提交资格预审申请文件的标段必须与购买资格预审文件的标段一致; (5)申请人的法定代表人身份证明或授权委托书以及所附公证书符合第二章"申请人须知"第3.2.2项规定; (6) 资格预审申请文件逐页签署情况符合第二章"申请人须知"第3.3.1项规定; (7) 资格预审申请文件正、副本份数符合第二章"申请人须知"第3.3.2项规定; (8) 资格预审申请人如果以联合体形式申请,符合第二章"申请人须知"第1.4.2项规定; (9) 资格预审申请文件没有对招标人的权利提出削弱性或限制性要求,没有对申请人的责任和义务提出实质性修改; ……
2.2	详细审查标准	(1)申请人具备有效的营业执照、资质证书、安全生产许可证和基本账户开户许可证; (2)申请人的资质等级符合第二章"申请人须知"第1.4.1项规定; (3)申请人的财务状况符合第二章"申请人须知"第1.4.1项规定; (4)申请人的类似项目业绩符合第二章"申请人须知"第1.4.1项规定; (5)申请人的信誉符合第二章"申请人须知"第1.4.1项规定; (6)申请人的项目经理(包括备选人)和项目总工(包括备选人)资格符合第二章"申请人须知"第1.4.1项规定; (7)申请人的其他要求符合第二章"申请人须知"第1.4.1项规定; (8)申请人在初步施工组织计划中承诺的质量目标、工期目标(包括总工期、节点工期)、安全目标均满足本标段的施工要求; (9)申请人不存在第二章"申请人须知"第1.4.3项规定的任何一种情形; ……

① "合格制"即《公路工程施工招标资格预审办法》中规定的"强制性资格条件评审法"。

② "资格审查办法前附表"用于明确资格审查的方法、因素、标准和程序。招标人应根据招标项目具体特点和实际需要,详细列明全部审查因素、标准,没有列明的因素和标准不得作为资格审查的依据。

1. 审查方法

2. 审查标准

2.1 初步审查标准

2.2 详细审查标准

3. 审查程序

3.1 初步审查

3.1.1

3.1.2

3.2 详细审查

3.2.1

3.2.2

3.3 资格预审申请文件的澄清

4. 审查结果

4.1 提交审查报告

4.2 重新进行资格预审或招标

第三章　资格审查办法(有限数量制)

资格审查办法前附表[1]

条款号	条款名称	编列内容
1	通过资格预审的人数	通过初步审查和详细审查的申请人,按综合得分由高到低的顺序排序,选择前______名通过资格预审
2	审查因素与标准	
2.1	初步审查标准	(1)申请人名称与营业执照、资质证书、安全生产许可证一致; (2)资格预审申请函有法定代表人或其委托代理人签字并加盖单位章; (3)资格预审申请文件按照资格预审文件规定的格式、内容填写,字迹清晰可辨; (4)提交资格预审申请文件的标段必须与购买资格预审文件的标段一致; (5)申请人的法定代表人身份证明或授权委托书以及所附公证书符合第二章“申请人须知”第3.2.2项规定; (6)资格预审申请文件逐页签署情况符合第二章“申请人须知”第3.3.1项规定; (7)资格预审申请文件正、副本份数符合第二章“申请人须知”第3.3.2项规定; (8)资格预审申请人如果以联合体形式申请,符合第二章“申请人须知”第1.4.2项规定; (9)资格预审申请文件没有对招标人的权利提出削弱性或限制性要求,没有对申请人的责任和义务提出实质性修改; ……
2.2	详细审查标准	(1)申请人具备有效的营业执照、资质证书、安全生产许可证和基本账户开户许可证; (2)申请人的资质等级符合第二章“申请人须知”第1.4.1项规定; (3)申请人的财务状况符合第二章“申请人须知”第1.4.1项规定; (4)申请人的类似项目业绩符合第二章“申请人须知”第1.4.1项规定; (5)申请人的信誉符合第二章“申请人须知”第1.4.1项规定; (6)申请人的项目经理(包括备选人)和项目总工(包括备选人)资格符合第二章“申请人须知”第1.4.1项规定; (7)申请人的其他要求符合第二章“申请人须知”第1.4.1项规定;[2] (8)申请人在初步施工组织计划中承诺的质量目标、工期目标(包括总工期、节点工期)、安全目标均满足本标段的施工要求; (9)申请人不存在第二章“申请人须知”第1.4.3项规定的任何一种情形; ……

① “资格审查办法前附表”用于明确资格审查的方法、因素、标准和程序。招标人应根据招标项目具体特点和实际需要,详细列明全部审查因素、标准,没有列明的因素和标准不得作为资格审查的依据。

② 对于采用有限数量制进行资格审查的技术特别复杂的特大桥梁和长大隧道工程,还应对其他主要管理人员和技术人员以及主要机械设备和试验检测设备进行详细审查。

续上表

条款号	条款名称	编列内容				
2.3	评分标准	评分因素与权重分值①				评分标准③
		评分因素②	评分因素权重分值	各评分因素细分项	分值	
		拟投入本标段的项目经理(包括备选人)和项目总工(包括备选人)资历	15~25			
		类似工程施工经验	20~30			
		履约信誉④	20~30			
		财务能力	10~20			
		初步施工组织计划	10~15			

① 招标人应根据项目具体情况确定各评分因素及评分因素权重分值,并对各评分因素进行细分(如有)、确定各评分因素细分项的分值,各评分因素权重分值合计应为 100 分。各评分因素得分均不应低于其权重分值的60%,且各评分因素得分应以审查委员会各成员的打分平均值确定,该平均值以去掉一个最高分和一个最低分后计算。

② 对于采用有限数量制进行资格审查的技术特别复杂的特大桥梁和长大隧道工程,还应将其他主要管理人员和技术人员以及主要机械设备和试验检测设备列为评分因素进行评分。

③ 招标人应列明各评分因素或各评分因素细分项(如有)的评分标准并作为审查委员会进行评分的依据。

④ 招标人可结合招标项目所在地省级交通主管部门对申请人的信用评级对其履约信用进行评分,但不得任意设置歧视性条款并不得任意设立行政许可。

1. 审查方法

2. 审查标准

2.1　初步审查标准

2.2　详细审查标准

2.3　评分标准

3. 审查程序

3.1　初步审查

3.1.1

3.1.2

3.2　详细审查

3.2.1

3.2.2

3.3　资格预审申请文件的澄清

3.4　评分

3.4.1

3.4.2

4. 审查结果

4.1　提交审查报告

4.2　重新进行资格预审或招标

第四章　资格预审申请文件格式[①]

① 招标人可结合招标项目具体特点和实际需要，对本章内容进行补充、细化。

__________省(自治区、直辖市)

__________(项目名称)______标段施工招标

资格预审申请文件

申请人:______________(盖单位章)

______年____月____日

目　　录

一、资格预审申请函

________________（招标人名称）：

1. 按照资格预审文件的要求，我方（申请人）递交的资格预审申请文件及有关资料，用于你方（招标人）审查我方参加____________（项目名称）______标段施工招标的投标资格。

2. 我方的资格预审申请文件包含第二章“申请人须知”第 3.1.1 项规定的全部内容。

3. 我方接受你方的授权代表进行调查，以审核我方提交的文件和资料，并通过我方的客户，澄清资格预审申请文件中有关财务和技术方面的情况。

4. 你方授权代表可通过______________（联系人及联系方式）得到进一步的资料。

5. 我方在此声明，所递交的资格预审申请文件及有关资料内容完整、真实和准确，且不存在第二章“申请人须知”第 1.4.3 项规定的任何一种情形。

6. 我方在此承诺，资格预审申请文件（初步施工组织计划除外）作为施工合同文件的组成部分，对我方具有约束力。

申　请　人：______________________（盖单位章）

法定代表人或其委托代理人：____________（签字）

电　　　话：__________________________________

传　　　真：__________________________________

申请人地址：__________________________________

邮 政 编 码：__________________________________

______ 年 ____ 月 ____ 日

二、法定代表人身份证明及授权委托书

2-1　法定代表人身份证明

申请人名称:____________________

单位性质:______________________

地址:__________________________

成立时间:______年____月____日

经营期限:__________

姓名:（法定代表人签字）　性别:____年龄:____职务:________

系__________(申请人名称)的法定代表人。

特此证明。

申请人:______________(盖单位章)

______年____月____日

注:法定代表人的签字必须是亲笔签名,不得使用印章、签名章等代替。

2-2　授权委托书[①]

本人______(姓名)系________(申请人名称)的法定代表人,现委托______(姓名)为我方代理人。代理人根据授权,以我方名义签署、澄清、递交、撤回、修改______(项目名称)___________标段施工招标资格预审申请文件,其法律后果由我方承担。

委托期限:_____________。

代理人无转委托权。

附:法定代表人身份证明

申　请　人:___________(盖单位章)

法定代表人:_______________(签字)

身份证号码:_____________________

委托代理人:_______________(签字)

身份证号码:_____________________

_____年____月____日

注:

1. 法定代表人和委托代理人必须在授权书上亲笔签名,不得使用印章、签名章或其他电子制版签名;

2. 在授权委托书后应附有公证机关出具的加盖钢印、单位章并盖有公证员签名章的公证书,钢印应清晰可辨,同时公证内容完全满足资格预审文件规定;

3. 公证书出具的日期与授权书出具的日期同日或在其之后;

4. 以联合体形式投标的,本授权委托书应由联合体牵头人的法定代表人按上述规定签署并公证。

① 如果由申请人的法定代表人亲自签署资格预审申请文件,则不需提交授权委托书,但需对法定代表人身份证明中法定代表人的签名、申请人的单位章的真实性进行公证。

三、联合体协议书

____________(所有成员单位名称)自愿组成联合体,共同参加____________(项目名称)______标段施工招标资格预审和投标。现就联合体投标事宜订立如下协议。

1. ________(某成员单位名称)为牵头人。

2. 联合体牵头人合法代表联合体各成员负责本标段施工招标项目资格预审申请文件、投标文件编制和合同谈判活动,代表联合体提交和接收相关的资料、信息及指示,处理与之有关的一切事务,并负责合同实施阶段的主办、组织和协调工作。

3. 联合体将严格按照资格预审文件和招标文件的各项要求,递交资格预审申请文件和投标文件,履行合同,并对外承担连带责任。

4. 联合体牵头人代表联合体签署资格预审申请文件和投标文件,联合体牵头人的所有承诺均认为代表了联合体各成员。

5. 联合体各成员单位内部的职责分工如下:(牵头人名称)承担______专业工程,占总工程量的____%;(成员一名称)承担______专业工程,占总工程量的____%;……

6. 资格预审申请工作、投标工作和联合体在中标后工程实施过程中的有关费用按各自承担的工作量分摊。

7. 本协议书自签署之日起生效,合同履行完毕后自动失效。

8. 本协议书一式______份,联合体成员和招标人各执一份。

牵头人名称:______________________(盖单位章)
法定代表人:__________________________(签字)

成员一名称:______________________(盖单位章)
法定代表人:__________________________(签字)

成员二名称:______________________(盖单位章)
法定代表人:__________________________(签字)
……

______年____月____日

四、申请人基本情况表

表 4-1　申请人基本情况表

<table>
<tr><td>申请人名称</td><td colspan="6"></td></tr>
<tr><td>注册地址</td><td colspan="3"></td><td colspan="2">邮政编码</td><td></td></tr>
<tr><td rowspan="2">联系方式</td><td>联系人</td><td colspan="2"></td><td colspan="2">电　话</td><td></td></tr>
<tr><td>传　真</td><td colspan="2"></td><td colspan="2">电子邮件</td><td></td></tr>
<tr><td>法定代表人</td><td>姓名</td><td></td><td>技术职称</td><td></td><td>电话</td><td></td></tr>
<tr><td>技术负责人</td><td>姓名</td><td></td><td>技术职称</td><td></td><td>电话</td><td></td></tr>
<tr><td>成立时间</td><td colspan="2"></td><td colspan="4">员工总人数：</td></tr>
<tr><td>企业资质等级</td><td colspan="2"></td><td rowspan="5">其中</td><td colspan="2">项目经理</td><td></td></tr>
<tr><td>营业执照号</td><td colspan="2"></td><td colspan="2">高级职称人员</td><td></td></tr>
<tr><td>注册资金</td><td colspan="2"></td><td colspan="2">中级职称人员</td><td></td></tr>
<tr><td>基本账户开户银行</td><td colspan="2"></td><td colspan="2">初级职称人员</td><td></td></tr>
<tr><td>基本账户账号</td><td colspan="2"></td><td colspan="2">技工</td><td></td></tr>
<tr><td>经营范围</td><td colspan="6"></td></tr>
<tr><td>资产构成情况及投资参股的关联企业情况</td><td colspan="6"></td></tr>
<tr><td>备注</td><td colspan="6"></td></tr>
</table>

注：1. 在本表后应附企业法人营业执照副本（全本）的复印件（并加盖单位章）、施工资质证书副本（全本）的复印件（并加盖单位章）、安全生产许可证副本（全本）的复印件（并加盖单位章）、基本账户开户许可证的复印件（并加盖单位章）。

2. 以联合体形式申请资格预审的，联合体各成员应分别填写。

表 4-2　申请人企业组织机构框图

<table>
<tr><td>以框图方式表示。</td></tr>
<tr><td>说明</td></tr>
</table>

表 4-3 拟委任的项目经理和项目总工资历表

<table>
<tr><td>姓 名</td><td colspan="2"></td><td>年 龄</td><td></td><td>专 业</td><td></td></tr>
<tr><td>职 称</td><td colspan="2"></td><td>公司单位
职 务</td><td></td><td>拟在本标段
工程担任职务</td><td></td></tr>
<tr><td>毕业学校</td><td colspan="6">______年____月毕业于__________________学校____________专业,学制____年</td></tr>
<tr><td colspan="7">经 历</td></tr>
<tr><td>______年～
______年</td><td colspan="3">参加过的工程项目名称</td><td colspan="2">担任何职</td><td>发包人及
联系电话</td></tr>
<tr><td></td><td colspan="3"></td><td colspan="2"></td><td></td></tr>
<tr><td></td><td colspan="3"></td><td colspan="2"></td><td></td></tr>
<tr><td></td><td colspan="3"></td><td colspan="2"></td><td></td></tr>
<tr><td></td><td colspan="3"></td><td colspan="2"></td><td></td></tr>
<tr><td></td><td colspan="3"></td><td colspan="2"></td><td></td></tr>
<tr><td></td><td colspan="3"></td><td colspan="2"></td><td></td></tr>
<tr><td></td><td colspan="3"></td><td colspan="2"></td><td></td></tr>
<tr><td colspan="3">获奖情况</td><td colspan="4"></td></tr>
<tr><td rowspan="3">目前任职
项目状况</td><td colspan="2">项目名称</td><td colspan="4"></td></tr>
<tr><td colspan="2">担任职位</td><td colspan="4"></td></tr>
<tr><td colspan="2">可以调离日期</td><td colspan="4"></td></tr>
<tr><td colspan="3">备 注</td><td colspan="4"></td></tr>
</table>

注:1. 本表后应附项目经理(以及备选人)和项目总工(以及备选人)的身份证、职称资格证书以及资格预审条件所要求其他相关证书(如建造师注册证书、安全生产考核合格证书等)的复印件,并应提供其担任类似项目的项目经理和项目总工的相关业绩证明材料复印件。

2. 本表后应附申请人所属社保机构出具的拟委任的项目经理(以及备选人)和项目总工(以及备选人)的社保缴费证明(并加盖缴费证明专用章)或其他能够证明拟委任的项目经理(以及备选人)和项目总工(以及备选人)参加社保的有效证明材料(并加盖社保机构单位章)。

3. 目前未在具体项目上任职的,请在备注栏说明现在负责的工作内容。

表 4-4　拟委任的其他主要管理人员和技术人员汇总表[①]

姓名	年龄	拟在本项目中担任的职务	技术职称	工作年限	类似施工经验年限

注:1. 本表填报的人员应满足申请人须知前附表附录 6 的要求。

2. 本表后应附申请人所属社保机构出具的拟委任的其他主要管理人员和技术人员的社保缴费证明(并加盖缴费证明专用章)或其他能够证明拟委任的其他主要管理人员和技术人员参加社保的有效证明材料(并加盖社保机构单位章)。

① 本表仅适用于采用有限数量制进行资格审查的技术特别复杂的特大桥梁和长大隧道工程。

表 4-5　拟委任的其他主要管理人员和技术人员资历表[①]

<table>
<tr><td>姓　名</td><td></td><td>年　龄</td><td></td><td>专　业</td><td></td></tr>
<tr><td>职　称</td><td></td><td>公司单位
职　　务</td><td></td><td>拟在本标段
工程担任职务</td><td></td></tr>
<tr><td>毕业学校</td><td colspan="5">______年____月毕业于____________学校__________专业,学制____年</td></tr>
<tr><td colspan="6">经　　历</td></tr>
<tr><td>______年~
______年</td><td colspan="2">参加过的工程项目名称</td><td colspan="2">担任何职</td><td>发包人及
联系电话</td></tr>
<tr><td></td><td colspan="2"></td><td colspan="2"></td><td></td></tr>
<tr><td></td><td colspan="2"></td><td colspan="2"></td><td></td></tr>
<tr><td></td><td colspan="2"></td><td colspan="2"></td><td></td></tr>
<tr><td></td><td colspan="2"></td><td colspan="2"></td><td></td></tr>
<tr><td></td><td colspan="2"></td><td colspan="2"></td><td></td></tr>
<tr><td></td><td colspan="2"></td><td colspan="2"></td><td></td></tr>
<tr><td></td><td colspan="2"></td><td colspan="2"></td><td></td></tr>
<tr><td colspan="3">获奖情况</td><td colspan="3"></td></tr>
<tr><td rowspan="3">目前任职
项目状况</td><td colspan="2">项目名称</td><td colspan="3"></td></tr>
<tr><td colspan="2">担任职位</td><td colspan="3"></td></tr>
<tr><td colspan="2">可以调离日期</td><td colspan="3"></td></tr>
<tr><td colspan="3">备　注</td><td colspan="3"></td></tr>
</table>

注:1. 本表人员应与表 4-4 中所列人员相一致,在本表后应附身份证、职称资格证书以及资格预审条件所要求其他相关证书(如安全生产考核合格证书、试验检测资格证书等)的复印件。

2. 目前未在具体项目上任职的,请在备注栏说明现在负责的工作内容。

---

① 本表仅适用于采用有限数量制进行资格审查的技术特别复杂的特大桥梁和长大隧道工程。

表 4-6 拟投入本标段的主要施工机械表[①]

序号	设备名称	型号规格	国别产地	制造年份	额定功率(kW)	生产能力	数 量(台)				预计进场时间
							小计	其 中			
								自有	新购	租赁	

① 本表仅适用于采用有限数量制进行资格审查的技术特别复杂的特大桥梁和长大隧道工程。

表 4-7　拟配备本标段的主要材料试验、测量、质检仪器设备表[①]

序号	仪器设备名称	型号规格	数量	国别产地	制造年份	用途	备注

① 本表仅适用于采用有限数量制进行资格审查的技术特别复杂的特大桥梁和长大隧道工程。

五、近年财务状况表

5-1 财务状况表

项目或指标	单位	______年	______年	______年
一、注册资金	万元			
二、净资产	万元			
三、总资产	万元			
四、固定资产	万元			
五、流动资产	万元			
六、流动负债	万元			
七、负债合计	万元			
八、营业收入	万元			
九、净利润	万元			
十、现金流量净额	万元			
十一、主要财务指标				
1. 净资产收益率	%			
2. 总资产报酬率	%			
3. 主营业务利润率	%			
4. 资产负债率	%			
5. 流动比率	%			
6. 速动比率	%			

注:1. 本表后应附近三年经会计师事务所或审计机构审计的财务会计报表,包括资产负债表、现金流量表、利润表和财务情况说明书的复印件。

2. 本表所列数据必须与本表各附件中的数据相一致。

3. 以联合体形式申请资格预审的,联合体各成员应分别填写。

5-2　银行信贷证明[①]

银行名称：______________________________

地　　址：______________________________

日期：________________

致：　（招标人全称）　

兹开具最高限额为人民币____万元的银行信贷，供______________（申请人注册地点）______（申请人名称）于______年_____月____日之前，在________________（项目名称）需要时使用。我行保证由____________（申请人名称）提供的财务报表中所开列的作为流动资产的各项中无一项包含在上述提到的银行信贷中。

此项目若未中标，该信贷证明自动失效，无需退回我行。

银　　　　　　　行（盖章）：________________

银行主要负责人（签字）：________________

银行主要负责人姓名、职务：　（打印）　

银　　行　　电　　话：________________

银　　行　　传　　真：________________

注：

1. 允许申请人实际开具的银行信贷证明的格式与《公路工程标准施工招标资格预审文件》提供的格式有所不同，但不得更改《公路工程标准施工招标资格预审文件》提供的银行信贷证明格式中的实质性内容。

2. 银行主要负责人应亲笔签名，不得使用印章、签名章或其他电子制版签名，否则，视为无效。

---

① 招标人要求申请人提供银行信贷证明是为了避免申请人中标后因流动资金不足影响工程施工的情况发生，招标人可根据招标项目具体特点和实际情况选择是否要求申请人提供银行信贷证明。如采用银行信贷证明，招标人应在此规定开具银行信贷证明的银行的级别。

六、近年完成的类似项目情况表

项目名称	
项目所在地	
发包人名称	
发包人地址	
发包人电话	
合同价格	
开工日期	
交工日期	
承担的工作	
工程质量	
项目经理	
项目总工	
总监理工程师及电话	
项目描述	
备注	

注:1. 每张表格只填写一个项目,并标明序号。

2. 本表后须附中标通知书和(或)合同协议书、由发包人出具的公路工程(标段)交工验收证书或竣工验收委员会出具的公路工程竣工验收鉴定书或质量监督机构对各参建单位签发的工作综合评价等级证书的复印件。

3. 如近年来,申请人法人机构发生合法变更或重组或法人名称变更时,应提供相关部门的合法批件或其他相关证明材料来证明其所附业绩的继承性。

4. 以联合体形式申请资格预审的,联合体各成员应分别填写。

七、正在施工和新承接的项目情况表

项目名称	
项目所在地	
发包人名称	
发包人地址	
发包人电话	
签约合同价	
开工日期	
计划交工日期	
承担的工作	
工程质量要求	
项目经理	
项目总工	
总监理工程师及电话	
项目描述	
备注	

注:1. 每张表格只填写一个项目,并标明序号。

2. 本表后应附中标通知书和(或)合同协议书复印件。

3. 本表应包含所有在建工程项目,包括正在施工、已签订合同协议书即将开工或已收到中标通知书或意向书但尚未签订合同的所有项目。

4. 以联合体形式申请资格预审的,联合体各成员应分别填写。

八、近年发生的诉讼及仲裁情况

项　目	申请人情况说明

注:本表后应附法院或仲裁机构做出的判决、裁决等有关法律文书复印件。

九、初步施工组织计划

（总字数控制在5 000字以内）

一、施工组织机构、施工总平面布置图、施工总体进度计划表

二、质量目标、工期目标（包括总工期、节点工期）、安全目标

三、对项目重点、难点工程的理解及施工方案、工艺流程

四、保证措施

1. 质量体系与保证措施
2. 工期保证措施
3. 人员安排与保证措施
4. 安全生产保证措施
5. 环境保护、水土保持、施工后期的场地恢复措施
6. 支付保障措施（有关民工工资、劳务分包、材料采购、设备租赁、工程分包等的按期支付保证措施）

十、其他材料

第五章　项目建设概况

第五章　项目建设概况[①]

一、项目说明

1. 项目位置:公路的起讫地点、里程、等级、技术标准、主要控制点;或独立大桥的桥型、荷载、跨径、桥长、桥宽、基础、水深、引道长度等;或独立隧道的长度、宽度,防水排水、衬砌和设施等。

2. 主要工程内容

二、建设条件

1. 地形与地貌简况
2. 地质与地震简况
3. 水文与气象简况
4. 交通、电力、通信及其他条件

三、建设要求

1. 主要技术指标
2. 工程建设规模
3. 工期、质量、安全等要求

四、其他需要说明的情况

1. 招标范围及标段划分
2. 各标段主要工程量一览表

① 招标人可结合招标项目具体特点和实际需要,对本章内容进行补充、细化。